# TEMAS DE PSICANÁLISE · 4

Jeremy Holmes

# O NARCISISMO

Tradução de
Miguel Serras Pereira

ALMEDINA

## O Narcisismo

**Autor**
Jeremy Holmes

**Título original**
Narcissism

**Tradução**
Miguel Serras Pereira

**Coordenação da colecção**
Ivan Ward

**Edição**
Almedina
www.almedina.net
editora@almedina.net

**Design**
FBA.
info@fba.pt

**Impressão e acabamento**
GC.Gráfica de Coimbra, Lda.
producao@graficadecoimbra.pt

ISBN 972-40-1654-4
Depósito legal: 180083/02
Março de 2002

© 2001, Jeremy Holmes
Publicado em Inglaterra por Icon Books Ltd.,
Grange Road, Duxford, Cambridge CB2 4QF.

Toda a reprodução desta obra, por fotocópia ou outro qualquer processo, sem prévia autorização escrita do Editor, é ilícita e passível de procedimento judicial contra o infractor.

**Introdução**

O narcisismo vem dos espelhos – do espelho do olhar esplendoroso da mãe e do seu sorriso que responde, e em cujo prazer a criança se vê reflectida, passando pelo "átrio de espelhos" sedutor mas claustrofóbico dos pais sobreprotectores e pelo paciente suicida que se confronta com o espelho frio e sem vida da casa-de-banho vazia, à superfície da água que se desfaz em mil pedaços quando Narciso em vão tenta abraçar o seu próprio reflexo.

Todos somos fascinados pelos espelhos. Mas quem e o que vemos quando olhamos para dentro deles? Parecer-nos-á alheio o que vemos então – um estranho que mal reconhecemos? Parecer-nos-emos "bem" – e diremos de nós para nós "estás em forma" como ao nos prepararmos para uma festa? Admiraremos secretamente o que vemos, ou soçobraremos no horror e na aversão como o gnomo do conto de fadas ao ver pela primeira vez a sua deformidade? Ou, como Rembrandt, olharemos de frente o rosto que nos devolve o olhar, tentando com todas as fibras do nosso ser penetrar os mistérios desse si-próprio – um si-próprio ao mesmo tempo tão familiar e tão estranho?

O sexologista Havelock Ellis, em finais do século XIX, foi o primeiro a associar o mito clássico de Narciso a uma dificuldade psicológica, ao considerar a homossexualidade, tida ao tempo por uma perversão sexual, a uma patologia do amor-próprio; um homem ama outro homem, uma mulher uma mulher, que se parece com (um reflexo de) ele ou ela, em vez de um ser supostamente mais apropriado do sexo oposto. Assim, o *Oxford English Dictionary* propõe uma definição do narcisismo, termo cunhado por Wilhelm Nacke ao recensear o trabalho de Ellis, como "amor-próprio ou auto-admiração de natureza mórbida". Notemos como se torna necessário introduzir o qualificativo "mórbido" – uma vez que o amor-próprio não é, obrigatoriamente, problemático sendo, pelo contrário, considerado em geral um indício de saúde psicológica.

O termo "narcisismo" pode ser usado de múltiplas maneiras distintas. No sentido corrente tende a ser um sinónimo de *centramento em si próprio* ou de *preocupação consigo próprio*, e é utilizado, consequentemente, para descrever pessoas em cujo discurso se repete muitas vezes o pronome "eu", cuja conversa tende a assumir a forma daquilo a que a prolongadamente sofredora esposa de um narcisista crónico deu o título de "Rádio

Eu". Segundo Charles Rycroft, o narcisismo é uma variante do

*solipsismo… a tendência para fazer de si próprio o ponto de referência em torno do qual se organiza a experiência. Neste sentido, a descoberta de que não se é a única pedra da praia e de que o mundo não foi construído exclusivamente no nosso interesse implica uma perda narcísica* [1].

Há aqui um juízo de valor implícito que, como veremos, a psicanálise tenta teorizar: ser centrado em si próprio é normal e aceitável nos mais novos, mas o "egocentrismo", quando persiste na vida adulta, é contra-adaptativo e tornar-se-á objecto de reprovação. Deste modo, a consideração pelos outros e o altruísmo opõem-se à incapacidade ou à recusa de ver o mundo a não ser do ponto de vista próprio, com o potencial desprezo pelos sentimentos dos outros que isso acarreta.

A ideia de narcisismo foi também utilizada *sociologicamente* por autores como Christopher Lasch para descrever uma constelação de atitudes caracterizadas pelo extremo individualismo, a ausência de interesse pelo passado e pelo futuro, falta de consideração pelos outros, preocupação com as relações pessoais em detrimento da actividade política e desinteresse pela coesão social [2]. As pessoas assim caracterizadas (sem dúvida, não sem um laivo de inveja puritana) tanto podem ser membros da "geração-eu" *("me generation"),* constituída por jovens da actual classe média na posse de abundantes recursos, como os membros, hedonistas decadentes e *fin de siècle,* das classes superiores da Europa dos finais do século XIX, tão magnificamente retratados por Oscar Wilde (vindo de uma camada menos favorecida). É o narcisismo colectivo ou de grupo que encontramos subjacente em fenómenos como as ilusões de superioridade racial, e vários cultos ou agrupamentos messiânicos em cujo quadro o narcisismo invidual será legitimado ou afogado na dedicação votada a um líder carismático.

As ideias *psicanalíticas* relativas ao narcisismo distribuem-se por três rubricas diferentes: narcisismo libidinal, narcisismo destrutivo e narcisismo saudável. Sigmund Freud considerou o "narcisismo primário" uma fase do desenvolvimento normal em que a criança pensa apenas, e cheia de felicidade, em si própria. É uma fase precursora das relações de objecto, da capacidade de estabelecer relações com os outros – de "investir a líbido" nos outros. Freud pensava que as pessoas que sofriam de paranóia e esquizofrenia, e até certo ponto de hipocondria, regrediam, muitas vezes quando confrontadas com uma perda, para um estado narcísico "secundário" em que a "líbido" (conceptualizada aqui como uma espécie de fluido psíquico) é retirada do mundo exterior e reinvestida no si-próprio e no seu corpo. Ronald Britton chama a este estado, caracterizado pela retirada psíquica do sujeito em direcção a si próprio, "narcisismo libidinal"[3].

Em contrapartida, Karl Abraham e, mais tarde, a escola kleiniana (sobretudo Herbert Rosenfeld e Otto Kernberg), insistiram nos aspectos destrutivos do narcisismo, fazendo com que o sujeito narcísico inveje patologicamente, odeie e procure activamente destruir o objecto, ou seja, *o outro*. Só o si-próprio do sujeito é autorizado a existir. Herbert Rosenfeld recorre à poderosa metáfora do *"gang* mafioso", que podemos imaginar como dominando a vida mental e reiterando implacavelmente que não é permissível qualquer relação com o exterior. Este narcisismo de "pele dura" triunfante contrasta com o narcisismo libidinal de "pele sensível", que é uma forma mais defensiva que destrutiva[4].

Uma terceira abordagem psicanalítica do narcisismo é a associada à escola da *self-psychology* de Heinz Kohut[5]. Kohut considerou o narcisismo, ou seja, o amor-próprio, e o amor de objecto não como situados ao longo de um *continuum*, mas como duas linhas de desenvolvimento distintas que persistem através da existência, com os seus próprios traços característicos e as suas patologias próprias. Sublinhou os aspectos saudáveis do narcisismo, considerando que os fenómenos como a adoração dos pais pelos filhos, o entusiasmo das crianças consigo próprias e com o seu mundo, e as esperanças, aspirações, ambições e ideais "normais", pertenciam no seu conjunto à esfera do narcisismo positivo. Segundo o modelo, à medida que o desenvolvimento prossegue, o narcisismo não é substituído pelo amor de objecto mas, antes, temperado por uma desilusão gradual, continuando assim na maturidade a alicerçar a auto-estima positiva e a busca de objectivos *realistas*. O "narcisismo secundário", e a incapacidade de adoptar a via de um amor-próprio moderado, resulta de "feridas narcísicas", causadas muitas vezes pela negligência ou pelo abuso parentais. Então, à falta de validação pelo exterior do seu narcisismo ("*Nós* não te achamos digno de amor"), os indivíduos refugiam-se no amor-próprio para que pelo menos desse modo um pouco de esperança e de motivação possam sobreviver.

Muitas destas ideias psicanalíticas acabam por ser incluídas na acepção psiquiátrica do narcisismo que encontramos na noção de "alteração narcísica da personalidade" de Kernberg, que se refere a um paciente centrado em si próprio e reivindicativo, que sobrestima as suas próprias capacidades e qualidades especiais, é invejoso, explora os outros e não leva em consideração os seus sentimentos – embora, por trás desta afirmação bombástica da sua própria importância, se revele com frequência pesadamente deprimido e carregue profundos sentimentos de vazio. Como veremos, a descoberta de maneiras de ajudar os indivíduos que integram este quadro representa um desafio maior para psicoterapia.

## Manifestações clínicas do narcisismo

Nesta secção ocupar-me-ei apenas dos aspectos do narcisismo que podem manifestar-se numa situação psicoterapêutica e que distribuirei pelas rubricas, até certo ponto artificiais, em "narcisismo necessário", "narcisismo clínico" quotidiano e "narcisismo fortificado".

O exemplo mais evidente de narcisismo necessário é o que podemos encontrar no fascínio e orgulho normais que os pais sentem pelos filhos, e que são, como veremos, uma pré-condição do desenvolvimento por parte das crianças de uma auto-estima adequada. Como diz Freud:

*O amor dos pais, tão comovente e no fundo tão infantil, não é senão o narcisismo renascido daqueles, que, transformado em amor objectal, revela inconfundivelmente a sua primeira natureza* [6].

Evidentemente, a maior parte dos pais sabem temperar de realismo o seu sobre-investimento narcísico. São capazes de ver também os seus rebentos como seres separados, com os seus próprios projectos e cujo propósito não consiste meramente em preencher as esperanças e ambições dos pais. Como diz Neville Symmington, também o exercício de uma parentalidade efectiva implica um pesado sacrifício narcísico, fazendo com que cada um dos pais ponha de lado o seu próprio egocentrismo e centre na criança as suas energias, permitindo ao mesmo tempo o acesso do filho ao seu companheiro.

Há, todavia, indivíduos que não são capazes de *não* falar dos seus filhos, especialmente no caso de estes serem bem sucedidos, e que por isso induzem uma certa inveja e cansaço no interlocutor. Do mesmo modo, as pessoas cuja conversa consiste principalmente em se gabarem daquilo que conseguiram fazer, da sua riqueza e das pessoas importantes e poderosas a que se encontram ligadas, estão muitas vezes a compensar por esse meio sentimentos de insignificância e de inferioridade. A sua conversa está recheada de "eus", de "mins" e de "meus"; a sua necessidade primária é ocuparem o centro do palco, mas demonstrando manifestamente pouco interesse pela existência ou reacções dos seus ouvintes. Podem ser pessoas animadas e fascinantes, ou causar por vezes um tédio insuportável.

Uma vez mais, podem suscitar a nossa inveja, uma vez que a maior parte de nós tem a sua dose de narcisismo residual que o processo de desenvolvimento que percorremos contribuiu para manter em respeito, mas que nunca é completamente abandonado, e só parcialmente superado em benefício das satisfações mais tangíveis ligadas às relações de objecto. Os ricos e as celebridades, e as máquinas publicitárias que os acolitam, produzem uma espécie de ícones necessários nos quais a maioria de nós, frequentando também a sociedade, poderemos projectar as nossas esperanças e desejos narcísicos secretos. A "bolha de sabão narcísica", com os seus brilhantes reflexos paira siderantemente por cima das nossas cabeças; quando rebenta, o seu ocupante fica nu e lamentavelmente vulnerável.

As reacções do terapeuta perante um cliente são um guia inestimável no que se refere à identificação dos fenómenos narcísicos. Com frequência, sente-se a ausência de contacto ou diálogo reais com o cliente, que pode à superfície concordar com as observações do terapeuta, mas, com os seus olhos vítreos e sem reacção, regressa às suas próprias preocupações sem se mostrar minimamente afectada pelo que o terapeuta possa ter dito. No nosso papel de terapeutas, sentir-nos-emos assim aborrecidos ou excluídos, loucos ou importunos (como se a terapia se destinasse mais a satisfazer as nossas necessidades que os interesses do cliente), ou até mesmo invejosos da pessoa do cliente, cuja vida parece muito mais colorida e excitante que a nossa própria existência.

Uma das mais sedutoras manifestações do narcisismo é a que encontramos em clientes que idealizam e sobrevalorizam a terapia e os seus terapeutas. Fazem questão de estar a ser tratados pelo homem ou pela mulher do topo da gama, pelo melhor terapeuta que há: nada a não ser isso lhes serve. O terapeuta transforma-se num salvador, imbuído de poderes especiais que compensam os sentimentos de trivialidade e de insignificância do paciente. Uma terapeuta, bem conhecida como autora de escritos importantes na sua área, decidiu deixar de aceitar clientes que a procurassem depois de terem lido os seus trabalhos: descobrira que aqueles projectavam invariavelmente na sua pessoa desejos narcísicos imensos que se revelavam muitas vezes resistentes à análise, e que ela própria ficava assim condenada a desapontá-los, uma vez que não podia encarnar o ideal do "terapeuta perfeito" com que eles a tinham creditado.

Há certos traços característicos de formas de narcisismo mais graves que devemos também levar em conta. Num artigo publicado em 1922, Abraham estudou o "narcisismo negativo", referindo-se a pacientes que, paradoxalmente, em vez de um quadro de contentamento irremediável com as suas próprias pessoas, exibem um estado ansioso de auto-insatisfação permanente [7]. O que há de "narcísico" no narcisismo negativo é o facto de se referir a indivíduos que se preocupam tanto consigo próprios como os seus primos do ramo narcísico positivo, mas encerrando-se no ódio a si próprios, mais que no amor-próprio.

Abraham cita *Infância e Juventude,* de Tolstoi:

*as minhas ocupações… incluíam… olhar-me muito ao espelho, do qual, no entanto, acabava sempre por me afastar com pesados sentimentos de abatimento e até de repulsa. Estava convencido de que a minha aparência exterior era disforme, e não era capaz de recorrer sequer à consolação habitual em casos que tais – não podia dizer que tinha um rosto expressivo, inteligente, ou distinto* [8].

Freud considerou a "reacção terapêutica negativa", caracterizada pelo facto de os pacientes piorarem em vez de melhorarem quando lhes é fornecida uma interpretação adequada do seu estado de sofrimento, como uma manifestação de narcisismo negativo. Para estes pacientes, o "si-próprio ideal" está tão longe do "si-próprio real" que se lhes afigura inútil qualquer tentativa por parte do segundo de se aproximar do primeiro – o ideal é demasiado remoto para poder ser sequer contemplado. Mas, uma vez que nada menos que a perfeição lhes parece satisfatório, qualquer tentativa de mudança – visando minorar o fosso entre o que uma pessoa é e aquilo que gostaria de ser – depara com uma resistência destinada a preservar o relativo conforto do estado de coisas já existente. As pessoas têm muitas vezes medo de mudar, tendendo a agarrar-se ao que já têm, por insatisfatório que seja: pode haver uma satisfação perversa na miséria que se sofre, quando se trata de uma miséria que se tornou familiar.

As origens do narcisismo negativo encontrar-se-ão com frequência num supereu cruel, resultante da internalização de uma severa disciplina parental. Uma paciente conta como chegou um dia da escola, feliz por ter tido 99 por cento de respostas certas numa prova de matemática, para se ver implacavelmente criticada pelo pai, uma vez que não chegara aos 100 por cento!

De acordo com a sua concepção da líbido, Freud viu no narcisismo uma etapa intermédia entre o auto-erotismo e as relações de objecto. As fantasias sexuais e masturbatórias *inconscientes* dos pacientes narcísicos (por contraste com as suas fantasias *conscientes*) são pistas importantes no que se refere à sua patologia \*. Nos homens, poderemos encontrar uma preocupação intensa

---

\* Nesta e noutras passagens, o autor escreve *phantasies* ou *phantasy* para se referir às fantasias (ou fantasmas) inconscientes, adoptando a forma gráfica *fantasy* ou *fantasies* quando designa as fantasias conscientes ou tomadas no sentido corrente do termo. Recorde-se que alguns psicanalistas de língua francesa recorrem a uma operação gráfica semelhante, e que comporta consequências semânticas análogas, contrapondo *phantasme* e *fantasme* (N. do T.).

com o pénis, trate-se do próprio ou do dos outros. Por vezes, o indivíduo narcísico abandonou toda a esperança de relações de reciprocidade e conta então com o poder e a coerção enquanto meios de garantir aos seus objectos o acesso susceptível de lhe proporcionar um sentimento de segurança e de satisfação. São comuns, deste modo, as fantasias sado-masoquistas. No narcisismo feminino, é a totalidade do próprio corpo que poderá ser objecto de uma idealização, o que tem por efeito a emergência de sentimentos de terror e de desespero perante quaisquer indícios de imperfeição. As fantasias de fazer amor com homens ricos e célebres em lugares exóticos talvez seja uma manifestação inofensiva do narcisismo feminino normal, mas há mulheres que se deixam escravizar pela força e pelo poder dos homens, e que assim continuam a viver, por maior que seja o sofrimento daí resultante. São mulheres que se sentem vazias e incapazes, considerando-se como objectos a ser usados, e que procuram por dar desse modo a melhor resposta que podem às suas necessidades narcísicas.

As fantasias de grandeza são um aspecto normal do narcisismo adolescente, podendo persistir na idade adulta, embora sob uma forma grandemente dissimulada. É raro que um cliente fale destes aspectos antes de sentir que pode confiar plenamente no terapeuta, e, ainda então, só com extremos embaraço e hesitação o fará. As ideias em causa emergem com uma coloração intensa de *vergonha*, e esta é considerada por muitos, como Phil Mollon, o "afecto narcísico" fundamental [9]. O paciente pode sonhar ser um cantor popular, um futebolista, um artista, um professor ou um político famoso, gozando de uma riqueza e de um poder inauditos. A possibilidade de sucesso artístico é particularmente sedutora para o indivíduo narcísico dada a ideia que a sociedade constrói do génio. A concepção do "génio" contém a quintessência do narcisismo – é a imagem de alguém favorecido pelos deuses e capaz de realizar sem esforço as coisas maiores.

A "raiva narcísica" é um outro fenómeno clínico importante. O sujeito narcísico pode ter arranjado maneira de construir um mundo que dá mais ou menos resposta às suas necessidades, e no qual, para nos servirmos da célebre expressão de Freud, "Sua Majestade o Bebé" [10] tem ao seu serviço uma variedade de cortesãos, ou, pelo menos, acontece que o indivíduo descobriu maneira de recriar sentimentos momentâneos de bem-aventurança narcísica por meio de drogas, de álcool ou sexo, ou ainda através da aquisição de bens de luxo. Mas, mais tarde ou mais cedo, a realidade entrará em cena. O sujeito descobre que as suas necessidades têm de ser equilibradas levando as dos outros em conta, que aqueles que o auxiliam não são motivados apenas pela devoção mas também pela necessidade de ganhar a vida, ou simplesmente que a realidade tem a sua lógica própria e nem sempre depende dos ditames da vontade humana. O terapeuta pode estar de férias precisamente no momento em que o paciente mais necessita dele, ou pôr termo a uma sessão quando o paciente está no auge do seu movimento de expressão.

Os fenómenos deste tipo, grandes ou pequenos, são susceptíveis de detonar uma explosão de raiva narcísica. O paciente espezinhará, esmagará ou destruirá metaforicamente, ou por vezes literalmente, coisas preciosas, ou deitará a casa abaixo com os seus protestos. Um desses pacientes, sempre que se sentia frustrado, tinha tremendas cenas de furor com os trabalhadores ou condutores como ele, que lhe saíssem ao caminho numa faixa de rodagem estreita. Durante a terapia, mostrava-se aquiescente e cooperativo, mas pouco a pouco foi-se revelando o modo como se sentia profundamente ressentido e pessoalmente ofendido durante as interrupções por motivo de férias a que o terapeuta procedia, e que ele experimentava como se fossem invariavelmente calculadas para terem lugar na altura em que mais necessitava de apoio e de reconforto. Em criança, este paciente tinha acessos de furor que duravam horas e durante os quais se atirava para o chão, inconsolável, chorando e gritando sem parar. Filho de pais pouco capazes de empatia e tendo conhecido na infância prolongados períodos de hospitalização, era extremamente inseguro, e, como o jovem pato Feli, de Fisher-Mamblona [11], via-se precipitado, sempre que se sentia ameaçado, em acessos de raiva que assumiam a forma de "acções deslocadas" (o termo refere-se a um conjunto aparentemente irrelevante de comportamentos desencadeados por emoções intensas que não podem, no momento, ser "directamente" descarregadas ou assumidas). A raiva parece, pelo seu lado, proporcionar uma certa medida de segurança ao indívíduo narcísico, tão fundamentalmente solitário e privado de sólidos alicerces.

Por trás da raiva narcísica reside aquilo a que Mollon chama "vulnerabilidade narcísica", ou a que Kohut chama "ferida narcísica". O sujeito narcísico é apanhado num laço definido, por um lado, pela necessidade universal que cada um de nós tem de se sentir diferente, e, por outro, pela não menos imperiosa necessidade de adaptação à realidade. Assim, por trás da sua tentativa de criar um mundo que exalte o seu sentimento de ser especial e a sua importância, o desespero, a depressão e os sentimentos de insignificância permanecem em acção. Em tais circunstâncias, o indivíduo narcísico torna-se vulnerável até mesmo a pequenas desatenções ou rejeições que ponham em causa a especialidade da sua diferença, bem como aos acidentes e traumas, quotidianos ou por vezes extraordinários, que implacavelmente o destino comporta.

Dispomos de dois modelos clínicos de narcisismo, classicamente descritos. Os sujeitos narcísicos de "pele grossa" ou de "pele sensível", de Rosenfeld, transformam-se, na terminologia de Glenn Gabbard, em "negligentes" e "hipervigilantes" [12]. Os indivíduos narcísicos "negligentes" parecem pouco capazes de compreender os sentimentos dos outros e ignorá-los, passando por cima deles, com a sua implacável e egocêntrica arrogância. São personalidades, à sua maneira, exibicionistas e que alimentam ideias de grandeza. Os tipos *hipervigilantes* são tímidos, inibidos e centrados em si próprios, com a sua susceptibilidade perante a rejeição e a crítica. Parece que lhes "falta a pele", e são emocionalmente tão vulneráveis que qualquer contacto significa para eles uma intrusão. Anthony Bateman pensa que as duas espécies de traços estereotipados não se excluem mutuamente e que o hipervigilante é muito menos fraco que aparenta, albergando uma raiva extrema muito perto da sua superfície de fragilidade, ao passo que os "negligentes", depois de iniciarem um processo terapêutico, revelam muitas vezes um profundo sentimento de desespero e de vazio [13].

## Ilustrações literárias do narcisismo

### O mito de Narciso na versão de Ovídio

Muitas das ideias contemporâneas relativas ao narcisismo podem ser descobertas em estado embrionário no mito clássico de Narciso, ao qual a síndrome vai buscar o seu nome. Servir-me-ei aqui da poderosa tradução que Ted Hughes propõe da versão do mito por Ovídio [14].

A história começa não com Narciso mas com Tirésias, o único de entre os seres humanos a viver ao mesmo tempo como homem e mulher, e que foi por isso chamado por Júpiter e Juno a intervir na sua querela acerca de quem extraía maior prazer do acto sexual: o homem ou a mulher. O voto de Tirésias foi favorável às mulheres. (Embora em algumas versões responda diplomaticamente que, enquanto as mulheres fazem dez vezes a experiência da máxima intensidade do prazer, os homens a experimentam com uma frequência dez vezes maior!) Juno, numa cólera inexplicável, fere-o de cegueira, ao passo que, para o compensar, Júpiter concede a Tirésias uns olhos *interiores*, que lhe comunicam o dom da profecia. Ovídio aborda assim os temas narcísicos do prazer corporal, da inveja e da dificuldade de saber o que realmente sentem os outros, especialmente quando nós próprios estamos consumidos de desejo.

Narciso nasceu da violação da sua mãe Liríope por Céfiso, deus fluvial. Era extraordinariamente belo de nascença, a tal ponto que vozes invejosas se dirigiram a Tirésias perguntando-lhe como era possível que uma criatura tão bela continuasse em vida. Introduz-se aqui o tema profundo da transitoriedade da beleza, e dos laços que unem o narcisismo, a inveja e a morte.

Tirésias responde enigmaticamente: Narciso pode viver muito tempo, *"a menos que aprenda a conhecer-se a si próprio"*. O paradoxo gira em torno do *"a menos que"* fatal. O terrível dilema do narcisismo é assim elegantemente resumido: o sujeito narcísico está condenado ou a permanecer prisioneiro do mundo de sombras do seu amor por si próprio ou a libertar-se da servidão do auto-desconhecimento (e, implicitamente, da incapacidade de conhecer os outros), mas ao preço da morte. Embora o sujeito narcísico pense apenas em si próprio, nunca poderá por ironia realmente conhecer-se, uma vez que não pode tomar uma posição exterior a si e ver-se como "realmente" é. Se se revelasse capaz de aceitar o murchar da beleza, então o seu encanto seria digno de celebração; mas, através da sua denegação auto-enaltecedora da realidade da perda e da mudança, essa beleza transforma-se em monstruosidade.

Narciso cresce e torna-se um belo jovem. Causa muitos amores, mas mantém-se distante. Um dia, a ninfa dos bosques, Eco, vê-o e apaixona-se instantaneamente por ele. Outrora faladora, Eco punida por falar de mais, quando Juno, a sua mãe, a privara do uso da palavra ao descobrir que Júpiter se servia dela, fazendo-a ficar a conversar com a esposa, enquanto se dedicava à perseguição de outras mulheres. Tudo o que Eco podia fazer agora era repetir as palavras que acabasse de ouvir. Como declararia a Narciso o seu amor? Este perde-se um dia nos bosques e chama pelos seus amigos: "Vinde a mim." Eco mostra-se, então: "A mim", "a mim", chama ela, por seu turno. Narciso volta-se e foge: "Preferiria morrer a deixar que me tocasses." Eco, humilhada, morre lentamente do seu amor perdido, e tudo o que resta dela é a sua voz.

Narciso despedaça corações. Não é capaz de ver o efeito que as suas acções têm sobre os outros. Atrai aduladores e admiradores, eles próprios narcisicamente traumatizados, que põem as suas esperanças na possibilidade de uma glória por reflexo. A "deusa-mãe" (Juno) de Eco sente tanta inveja da relação desta com o seu "deus-pai" (Júpiter) que frustra a relação pai-filha tão fundamental para a formação de um narcisismo feminino saudável – essa relação em que a filha adolescente sabe que o pai a acha bela, ao mesmo tempo, todavia, que mantém o mais absoluto respeito pela sua sexualidade.

Eco, a hipervigilante, transforma-se no espelho do "negligente" Narciso. Ele é intocável; ela alimenta eternamente o desejo de estar nos seus braços. Ele só pensa em si próprio e é de um egoísmo implacável; ela só é capaz de pensar nele, e a sua auto-estima permanece frágil até à morte. Ele não é capaz de se identificar com os outros e assim transforma as suas vozes na sua própria voz, tornando desse modo mais extensa a sua personalidade; ela não tem voz própria, e está condenada à palidez da imitação. Em termos de apego, a angústia é a marca de ambos: ela agarra-se ansiosamente ao seu objecto, ele mantém-se para sempre à distância.

Muitos outros caem irremediavelmente apaixonados por Narciso. Até que um deles, num movimento terapêutico decisivo, tem a coragem de enfrentar aquele que o atormenta. (Trata-se de um "ele" – o que introduz uma sugestão de bissexualidade no mito, como se Narciso não fosse capaz de se contentar com o amor de um sexo só.)

*Que Narciso ame e sofra*
*Como nos fez sofrer a nós*
*Que ame e saiba, como nós, que não há esperança...* [15]

Um dia, ao regressar da caça cheio de sede, Narciso descobriu um "lago de água esplêndida" e ao debruçar-se para beber:

*Uma estranha outra sede, uma ânsia, desconhecida,*
*Penetrou o seu corpo com a água,*
*E penetrou os seus olhos*
*Com a imagem reflectida no espelho…*
*E como o gosto da água o transbordou*
*Assim o fez o amor* [16].

Narciso profundamente apaixonado pela sua própria imagem. Mas quanto mais se esforça por se abraçar a si próprio, por beijar os lábios que "pareciam subir à tona para o beijar", mais cresce a frustração e o seu mal de amor. Amaldiçoa o seu destino. Separado para sempre do seu objecto de amor, faz pela primeira vez a experiência da perda e da dor. Ei-lo chegado, enfim, ao conhecimento de si próprio:

*Tu és eu. Vejo-o agora…*
*Mas é tarde de mais.*
*É por mim que estou apaixonado…*
*Estranha prece nova, a do amante*
*Que deseja a separação do ser amado* [17].

Narciso compreende que tem de morrer: "Sou uma flor cortada", "que morte venha depressa". Sente, enfim, compaixão por outrem: "Aquele que amei deveria viver. Deveria continuar a viver depois de mim, inocentemente." Mas sabe que é impossível. Quando morre, morrem ele e o si-próprio em que observado se desdobra – e até mesmo ao atravessar o Letes não resiste a espreitar-se de relance nas águas. Mas, no momento da morte, Narciso transforma-se – é metamorfoseado – numa bela flor. Até hoje, o narciso, com as suas pétalas delicadas e a sua fragrância sedutora, continua a prestar homenagem à presciência de Tirésias.

Tirésias, como um bom psicoterapeuta, sabia que para sobrevivermos psicologicamente, temos de superar o nosso narcisismo. Se formos capazes de aceitar que somos transitórios e mortais, seremos capazes de nos transformar – a nossa auto-estima será segura e seremos contemplados com uma beleza interior. Caso contrário, estaremos condenados à morte em vida ou à morte pura e simples, talvez às nossas próprias mãos, à medida que o nosso narcisismo se for tornando cada vez mais exigente e insistente. Criaremos uma pele grossa por cima da vulnerabilidade que nos fez evitar as relações com os outros. Amando-nos apenas a nós próprios invejaremos os que são capazes de ter relações com os outros, e faremos todos os possíveis por destruí-los, usando a nossa beleza como uma arma.

## Shakespeare: Soneto 62

Para o protagonista de Shakespeare, o acto de escrever é um processo de autodescoberta:

> *Sin of self-love possesseth all mine eye,*
> *And all my soul, and all my every part;*
> *And for this sin there is no remedy,*
> *It is so grounded inward in my heart.*

(62: 1-4)

> *(Crime de amor de mim o meu olhar domina*
> *e a minha alma inteira e tudo quanto sou;*
> *contra pecado tal nenhum remédio atina*
> *tão fundo no meu peito agora se arreigou.)* \*

Talvez haja aqui um tom irónico. Será realmente pecado que alguém se ame a si próprio? Um narcisismo saudavelmente sólido tem necessidade de estar "arreigado no coração" *("grounded in the heart")* para desempenhar bem as suas funções e nos manter à tona perante as atri-

---

\* Tradução de Vasco Graça Moura (Vasco Graça Moura, *50 Sonetos de Shakespeare*, Lisboa, Editorial Presença, 1987, p. 81, v. 1-4) *(N. do T.)*.

bulações da existência. E, todavia, a pessoa narcísica que só tem olhos para si própria está perdida. Consome-se de inveja, sentindo-se constantemente obrigada a enaltecer-se através de uma comparação que lhe seja favorável com os demais. Como a madrasta da Branca-de-Neve, vangloria-se:

> *Methinks no face so gracious is as mine...*
> *As I all other in all worths surmount.*
>
> (62: 5,8)

> *(Mais bela do que a minha não há nenhuma face...*
> *daí que aos outros mais em tudo eu ultrapasse...)* \*

Mais ainda – e é aqui que o ponto bate –, quando a idade faz sentir os seus efeitos, tudo se perde, enquanto o amor-próprio se transforma em auto-aversão:

> *But when my glass shows me myself indeed,*
> *Beated and chapped with tanned antiquity,*
> *Mine own self-love quite contrary I read;*
> *Self so self-loving were iniquity.*
>
> (62: 9-12)

---

\* Vasco Graça Moura, *ibid.*, v. 5, 7 (*N. do T.*).

*(Mas quando o espelho então me mostra realmente
alquebrado e curtido por tanta idade assim,
o amor de mim mesmo leio contrariamente
porque seria iníquo ter tanto amor de mim.)* \*

A resolução intervém nos dois versos finais e como o paradoxo de Tirésias, por efeito de uma metemorfose:

*'Tis thee, my self, that for myself I praise,
Painting my age with the beauty of thy days.*

(62: 13-14)

*(Por mim (de quem és parte) te louvo na pintura
que faz à minha idade a tua formosura.)* \*\*

A solução do narcisismo consiste em amar-se um outro. Mas, ao contrário de Narciso que anseia por uma separação entre amante e amado, Shakespeare ilumina o aspecto combinatório do amor. "Te" e "mim mesmo" formam uma unidade na qual não há distinção entre o si-próprio e o outro, onde o amor-

---

 \* *Id.*, v. 9-12 *(N. do T.)*.
 \*\* *Id.*, v. 13-14 *(N. do T.)*.

-próprio e o amor de objecto se reúnem, ou como diz Freud:

*Um amor realmente feliz corresponde à condição primitiva* (quer dizer, da infância precoce) *em que não se podem distinguir a líbio do eu e a líbido objectal...* [18]

O estado amoroso destrói e preserva ao mesmo tempo o narcisismo, no sentido prático em que amar é sairmos de nós próprios, mas ajudando-nos também a sentirmo-nos bem connosco; e no sentido teórico em que o amor-próprio é transposto, e assim perdido, através da identificação projectiva, para a imagem do ser amado, onde se metamorfoseia em celebração da sua existência. A "pintura" do envelhecimento, talvez teatral, narcísica – a maquilhagem, os cremes de rejuvenescimento e a cirurgia plástica –, é transformada pela felicidade mútua e o parecer do ser amado.

Este soneto foi provavelmente escrito em intenção do jovem e belo patrono de Shakespeare. Assim, ainda que forneça uma solução parcial à questão que é inerente ao narcisismo – a transitoriedade –, poderá ser considerado narcísico pelo facto de se basear no amor dedicado a um homem mais jovem por um homem mais velho, que projecta todo o seu narcisismo na juventude do primeiro.

Segundo o esquema de Freud:

*Um indivíduo pode amar em termos narcísicos:*

> a) *Aquilo que ele próprio é (quer dizer, a si próprio);*
> b) *Aquilo que ele próprio foi;*
> c) *Aquilo com que ele próprio gostaria de se parecer...* [19]

Narciso e o poeta no início do soneto encontram-se na categoria *a)*. O penúltimo verso do poema sugere que todos os tipos de amor – certamente todos os primórdios do estado amoroso – contêm um elemento de narcisismo na medida em que a beleza está tanto nos olhos de quem ama como nesse ser distinto que é o ser amado. O último verso sugere que o movimento de *a)* para *b)* ou *c)* poderá representar um progresso, mas permanece no interior das fronteiras do narcisismo. A partir de Ovídio, podemos sugerir que a verdadeira relação de amor depende da capacidade simultânea de fusão e de separação. Ao contrário do amor narcísico e "ecoísta", um tal amor é ao mesmo tempo eterno e transitório, dependendo da capacidade de confiar e de simultaneamente elaborar a separação e a perda.

## Oscar Wilde: O retrato de Dorian Gray

As três variedades de narcisismo referidas por Freud encontram-se amplamente ilustradas no romance de Wilde, *O Retrato de Dorian Gray* (1891), que contou, sem dúvida, com o estímulo representado pelo fascínio da época pelo tema do *alter* e do *doppelganger* *. O livro contém uma das imagens clássicas do narcisismo – o pacto demoníaco mediante o qual o protagonista narcísico vence o envelhecimento e apresenta ao mundo o rosto de uma eterna juventude, enquanto o verdadeiro horror do si-próprio interior vai compondo um retrato grotesco, fechado no santuário mais recôndito do sótão.

O romance começa com uma série de declarações epigramáticas sobre a arte. Estas consistem essencialmente em celebrações antipuritanas da "inutilidade" da arte e da suprema importância da beleza enquanto virtude por direito próprio. Tais celebrações representam uma outra das metamorfoses do narcisismo. Por meio da transformação do seu narcisismo em arte, Wilde supera o seu egocentrismo, uma vez que a "beleza artística" (por oposição à "beleza real") não estiola e é uma forma de comunicação. Até mesmo o narcisismo destru-

---

\* Ou do duplo *(N. do T.)*.

tivo é justificado: "O vício e a virtude são para o artista materiais da obra-de-arte." [20]

O romance organiza-se em torno de três personagens principais, representando cada um deles uma faceta da personalidade de Wilde. Dorian – o menino de ouro – é um jovem de incrível beleza; Lord Henry Wootton, um precursor do Algernon em *The Importance of Being Earnest*, é um espirituoso e implacável depravado que toma Dorian sob a sua protecção; Basil Hallward é o pintor bafejado por um génio perigoso, cujo retrato de Dorian tem as propriedades que referimos.

Dorian contempla o seu retrato, e imagina um pacto fáustico:

*Que tristeza! Eu hei-de ficar velho, e horrível, pavoroso. Mas este quadro continuará jovem para sempre. Nunca há-de envelhecer mais que este preciso dia de Junho... Ainda se fosse ao contrário! Daria tudo por que assim fosse... Daria a minha alma em troca disso!* [21]

O romance gira em torno da interacção do narcisismo de Wootton e do narcisismo de Dorian. Cada um deles causa de um enorme entusiasmo no outro: Gray entusiasma-se com a capacidade intelectual e com o à-vontade social de Wootton; Wootton, com a aparência e a inocência de Gray, e com o facto de poder manipulá-lo a seu gosto. Dorian apaixona-se por uma bela jovem actriz, Sibyl Vane, mas como uma personalidade efectivamente narcísica não tem quaisquer sentimentos reais por ela, e limita-se a deixar-se entusiasmar pela ideia de possuir uma jovem que todos os demais admiram tanto. Deste modo, Sibyl expande por delegação o narcisismo de Dorian, e o seu amor por ele lisonjeia-o. É então que, todavia, para seu horror, Dorian compreende que os outros a julgam vulgar e sem talento. Entram, entretanto, em cena as preocupações mundanas e socialmente inferiores de uma pessoa real e ele abandona-a. Ela, humilhada, suicida-se, o que impele o jovem para uma vida de deboche e de vício. O "*gang* mafioso" de Rosenfeld apoderou-se da sua personalidade, e a situação é sem saída. Embora a sua aparência em nada tenha mudado, o retrato secreto revela a crueldade e a fealdade da sua alma.

Enquanto o horror gótico do romance se adensa, Hallward visita Dorian na vã tentativa de o fazer tomar outro caminho. Mas o segundo manifesta uma "omnipotência" e uma grandiosidade narcísicas características: "Vou mostrar-te a minha alma. Verás coisas que mal imaginas que o próprio Deus possa ver"[22]. Gray confronta, em seguida, Hallward com o desespero do sujeito narcísico. À semelhança de Narciso quando compreende por fim que o seu amor sempre esquivo não é outro senão ele próprio, Gray compreende agora como a sua busca de uma juventude eterna o condenou a causar e a sofrer uma desgraça sem nome. Hallward fornece-lhe uma ocasião de arrependimento, mas a destrutividade prevalece e Gray esfaqueia o artista até à morte. Consegue escapar também à vingança do irmão de Sibyl, e revela alguns ténues impulsos no sentido da redenção quando decide não explorar outra mulher doente de amor por ele, Hetty Merton. Torna a visitar o retrato esperando que o seu acto de caridade tenha podido suavizar um pouco os traços da sua imagem, mas é tarde de mais: os seus pecados não podem ser apagados tão facilmente. O seu último gesto é o de cravar a lâmina assassina na tela mágica. Ao fazê-lo, cai por terra, apunhalado, e na manhã seguinte os criados descobrem um homem velho e horrível deitado sem vida no chão, aos pés do quadro misteriosamente intacto, exibindo agora a frescura juvenil do momento em que fora pintado havia vinte anos.

O indivíduo narcísico pode tornar-se suicida por ocasião do colapso do seu narcisismo. O grotesco de *Dorian Gray* resulta da inversão da relação normalmente existente entre a fantasia e a realidade. A sedução da arte reside na sua capacidade de criar uma realidade artificial que é ao mesmo tempo uma expressão do narcisismo e, através do autoconhecimento, uma libertação do seu poder. Assim, no seu poema "Um Helicon Pessoal", Seamus Heaney descreve o fascínio que sentia na infância pelos tanques em cujas águas, "Narciso com os olhos grandes", gostava de se olhar sem fim. Compara a sua situação infantil com a sua actividade adulta de poeta em que: *"I rhyme / To see myself, to set the darkness echoing" ("Escrevo / Para me ver, fazer um eco no escuro")* [23].

## As teorias do narcisismo

As teorias relativas ao narcisismo estimularam intensos debates no interior da psicanálise, centrando-se em duas questões principais. A primeira refere-se à relação entre narcisismo primário e narcisismo secundário, e a segunda à natureza saudável, ou outra, dos fenómenos narcísicos em geral.

### Narcisismo primário e narcisismo secundário

Freud distinguiu o *narcisismo primário*, uma fase do desenvolvimento normal que leva da infância mais precoce ao período em que se instauram as relações de objecto, do *narcisismo secundário*, assinalando uma perturbação que faz com que regressivamente o sujeito volte a ser, em vez de outrem, o seu próprio primeiro objecto de amor. O narcisismo secundário é um tema relativamente pacífico. Refere-se ao conjunto dos quadros acima descritos que nos mostram uma pessoa patologicamente preocupada consigo própria; incapaz de se relacionar com os outros; tendendo a tratar as outras pessoas não como fins em si próprias mas como meios ao serviço dos fins egoístas da primeira; inclinada a comportamentos "autotranquilizadores" como o consumo habitual de drogas e dada a lesar-se a si própria deliberadamente ou a entregar-se a uma sexualidade promíscua; cheia de uma auto-ilusória confiança em si própria, e assim por diante.

O debate de fundo travou-se em torno da questão de saber o que significava ao certo o termo "narcisismo primário", se é que se referia a um fenómeno real. Originalmente, a ideia de Freud era que a criança – depois do estádio do auto-erotismo, mas antes de tomar consciência da mãe enquanto ser separado, e enquanto, por conseguinte, devendo ser amada (ou "libidinalmente investida") de pleno direito – se investe narcisicamente a si própria com o amor que sentiu por parte da mãe. Mais tarde, contudo, Freud utilizou o mesmo termo num sentido mais amplo, por referência a um estado indiferenciado da existência, que ocorre antes de a criança ter desenvolvido um eu ou si-próprio rudimentar [24]. Nesse estado, a criança beneficia da ternura e dos cuidados maternos, e é envolvida pela gratificação de sentimentos de amar e ser amada que não se dirigem nem a si própria nem ao objecto, ou talvez se refiram às duas coisas ao mesmo tempo.

Esta concepção foi posta em causa à medida que a psicanálise evoluiu de uma perspectiva em termos de orientação libidinal para uma perspectiva interpessoal.

Michael Balint e Ronald Fairbairn sustentam que mantemos relações de objecto desde o início da existência [25], e as investigações realizadas por Stern sobre o comportamento infantil parecem confirmar esse ponto de vista [26]. As crianças interagem intensamente com as mães desde o nascimento e são, por exemplo, capazes de distinguir, ao fim das primeiras horas de vida, o cheiro do leite da sua mãe do de um leite diferente. Melanie Klein sustenta que os bebés muito jovens têm um eu activamente envolvido em processos mentais como a clivagem, a idealização e a denegrição. Nestes termos, pouco lugar parece restar para a noção de narcisismo primário. Como Symmington decididamente escreve, "o único narcisismo que existe… é o narcisismo secundário" [27].

Mas a própria conceptualização original do narcisismo secundário é contestável. Freud considerou a homossexualidade, a psicose e a hipocondria outros tantos exemplos de narcisismo secundário, caracterizados pelo facto de a líbido neles se orientar interiormente para o si-próprio, em vez de para um outro objecto. Hoje, poucos sustentarão ainda que os sujeitos que sofrem de esquizofrenia não formam relações de objecto. Pelo contrário, são ultra-sensíveis nos termos das suas relações interpessoais. De modo análogo, as distinções vincadas entre os tipos de amor homossexual e heterossexual parecem-nos hoje muito datadas. São muitos os homossexuais que formam relações amorosas caracterizadas pela sua maturidade, e, inversamente, a escolha de objecto heterossexual não raro se revela narcísica, no sentido em que o sujeito poderá escolher um sedutor "parceiro-troféu" cujo principal papel psicológico consistirá em alimentar o seu narcisismo através da excitação da inveja dos outros.

### Narcisismo saudável *versus* narcisismo patológico

No final da década de 1960, Kohut deu início a um questionamento de fundo acerca das (então convencionais) concepções do narcisismo. Kohut sustentava que a ideia de Freud – de uma linha de desenvolvimento única e contínua levando do narcisismo à relação de objecto – devia ser abandonada. Em seu entender, o desenvolvimento e formação de um narcisismo normal e saudável é um processo independente e necessário de pleno direito. Em vez de ver o narcisismo como uma coisa "má", característica de indivíduos mentalmente perturbados, imaturos ou mal analisados, sustenta que o narcisismo saudável é uma pré-condição de uma vida bem sucedida, até sob o ponto de vista das relações de objecto, e que os fenómenos do narcisismo secundário devem ser considerados como "produtos de ruptura" do processo normal de maturação narcísica.

Kohut cita a célebre declaração de Freud: "Um homem que foi o favorito incontestado da sua mãe guarda para toda a vida o sentimento de ser um conquistador; esta confiança no sucesso induz muitas vezes a sua realidade", e a seguinte passagem de um capítulo intitulado "A adoração do menino", de *Barchester Towers,* de Anthony Trollope, que descreve uma mãe que contempla o seu rapazinho:

*"Diddle, diddle... dum... onde foi ele buscar estas pernas maravilhosas?"... Disse a mãe extasiada "...É um pequenino... adorável, é o que ele é; e tem as perninhas cor-de-rosa mais bonitas do mundo..."* [28]

As minhas próprias investigações indicam que com frequência este processo parece ter corrido mal na infância dos indivíduos destinados a sofrerem mais tarde perturbações da personalidade narcísicas e *borderline* *. Os pacientes deste tipo pensam que não foram, actual ou

---

\* Diz-se *borderline* (ou "fronteiriço"), segundo Charles Rycroft (*A Critical Dictionary of Psychoanalysys*, Londres, Thomas Nelson and Sons Ltd, 1968), um caso ou paciente que "se encontra na fronteira entre a neurose e a psicose", e "cuja psicopatologia desafia a categorização" nos termos de "sistemas diagnósticos" baseados no pressuposto de que "a neurose e a psicose são mutuamente exclusivas, ao passo que a observação clínica mostra que não é assim" *(N. do T.).*

retrospectivamente, desejados ou que foram adoptados; que as suas mães experimentaram devido ao seu nascimento coisas "terríveis" fazendo com que decidissem nunca mais ter outros filhos; que são responsáveis pela depressão pós-parto das mães ou pelo facto de o pai se ter ido embora. Tudo isto sugere um si-próprio narcísico precocemente frustrado.

Quando as coisas correm bem, a criança começa a construir um sentimento de si própria como ser especial e digno de amor, e é capaz de encontrar satisfação num grau saudável de exibicionismo e de ideias de grandeza. Uma criança de 3 anos que salta de um sofá para uma alcatifa macia, gritando para os pais: "Olhem para mim, sou capaz de voar!", poderá ser admirada com um orgulho afectuoso pelo seu público. Quando essa criança vai para o jardim-escola um ou dois anos mais tarde, os seus pais irão buscá-la à porta da escola com um "brilho" nos olhos – ao verem que o seu filho se destaca entre a massa das outras crianças banhado por uma luz especial. Quando os pais não são capazes de amar os seus filhos deste modo, serão então as sementes da vergonha e da auto-aversão a germinar.

Kohut forjou o termo "auto-objecto" *(selfobject)* para descrever a qualidade especial dessas relações íntimas em que o outro não é nem inteiramente parte do si-próprio, nem inteiramente separado dele. Os pais de uma criança pequena são "auto-objectos", na medida em que são vividos como extensões de si própria pela criança que pode até certo ponto controlá-los. Esta relação de auto-objecto pode ser vista como simplesmente ilusória e defensiva – como uma maneira de evitar a tomada de consciência traumática do estado indefeso e da vulnerabilidade da infância. Todavia, para Kohut, a auto-objectalidade é um antídoto para a excessiva preocupação com a autonomia e a identidade separada que ele considera uma patologia endémica da cultura do Ocidente.

À medida que o desenvolvimento se processa, as ideias de grandeza (ou a "omnipotência") e o exibicionismo infantis serão temperados pela tomada de consciência da realidade e de si próprio por parte do sujeito. Trata-se daquilo a que Kohut chama "frustração optimal", argumentando:

*Se a criança for espoliada (em vez de optimalmente frustrada), conservará montantes fora do comum de narcisismo e de omnipotência; e, ao mesmo tempo, dada a sua ausência de capacidades efectivas, sentir-se-á inferior. Analogamente, o excesso de experiências frustrantes... leva à retenção das fantasias de omnipotência* [29].

Conseguir o justo equilíbrio no que se refere à frustração necessária sem dar lugar à vergonha associada aos sentimentos de impotência é uma tarefa delicada, e que, no entender de Kohut, será melhor levada a efeito se não for apenas um dos progenitores a intervir: nos termos da perspectiva edipiana clássica, o papel do pai é frustrar o sentimento na criança de uma posse exclusiva da mãe. Ao mesmo tempo, o pai, ou o "princípio paterno" (que pode ser também assegurado pela própria mãe ou pela relação com uma figura masculina), ajuda a criança a metamorfosear as suas fantasias de grandeza e o seu exibicionismo naquilo a que Kohut chama o "si-próprio bipolar", cujos pólos gémeos são os ideais que nos esforçamos por atingir e a ambição – termo que Kohut utiliza no sentido de potência real (por oposição à qualidade ilusória do controlo omnipotente) – no que se refere à realização desses ideais. Uma vez mais, vale a pena notar que muito frequentemente a infância dos pacientes *borderline* é caracterizada pela intervenção de um pai abusivo, alcoólico ou que desaparece – sendo que estes três traços muitas vezes se combinam na sua pessoa.

A suprema ferida narcísica resulta da tomada de consciência da nossa própria mortalidade; conseguir enfrentar a perspectiva da morte é um sinal de maturidade e de sabedoria. Segundo Kohut, o narcisismo, negociado com sucesso, leva à capacidade de aceitarmos a mortalidade, de nos vermos sem nos sobre ou subestimarmos, de desenvolvermos o sentido da criatividade e do humor e de confiarmos na nossa intuição e empatia. O que há de paradoxal neste processo é o facto de ser necessário que o narcisismo se encontre saudavelmente estabelecido antes de poder ser superado.

É célebre o modo como Donald Winnicott comentou a utilização de uma colher por uma criança que, durante uma consulta, a segura, a chupa, se serve dele para bater [30]. Victoria Hamilton insiste do mesmo modo na aquisição pela criança pequena da capacidade de *(a)preensão* de um objecto, aquisição que ilustra ao mesmo tempo o narcisismo saudável e a sua superação [31].

A (a)preensão de um objecto é uma realização de monta para uma criança pequena e suscita muitas vezes um sentimento de domínio e de satisfação – há uma expressão de triunfo nos olhos da criança quando consegue pela primeira vez pegar na chávena que está na sua cadeirinha de mesa e levá-la à boca. Ao mesmo tempo, a (a)preensão é uma saída do solipsismo da infância – um encontro com o mundo real que o emprego metafórico do termo comporta, denotando a capacidade de compreender ideias. "Estragar" uma criança – ajudá-la demasiado, de maneira a comprometer a sua autonomia – interfere negativamente neste processo de descoberta do mundo.

Segundo o esquema kohutiano, o défice de narcisismo é tão problemático como o seu excesso, e a inibição do desenvolvimento normal do auto-objecto dá lugar ao aparecimento de quadros patológicos. Uma dose equilibrada daquilo a que Britton chama "narcisismo epistémico" – uma crença inabalável no acerto das nossas próprias ideias – é sinal de um si-próprio capaz de criar e de afirmar. Todavia, para Britton, como seguidor que é de Rosenfeld, este narcisismo epistémico é essencialmente defensivo. Nos casos de "narcisismo destrutivo", o sujeito sente-se tão ameaçado pela existência no exterior de pessoas das quais depende, e sente tanta inveja delas, que, para manter a sua posição omnipotente de "senhor de tudo o que vê", tem necessidade de levar a cabo uma eliminação imediata do objecto. Os aspectos patológicos do narcisismo – abordagem dos outros como meios em vista dos próprios fins, egocentrismo implacável, ausência de empatia – são, todos eles, manifestações desta necessidade movida pela inveja de negar a importância do objecto.

A imagem especular deste narcisismo de pele grossa encontra-se na paciente extremamente vulnerável que controla o seu objecto manipulando sem remorso as cordas da sua sensibilidade. A metáfora a que Leslie Sohn recorre do Tocador de Flauta que arrasta para a gruta da montanha todas as crianças saudáveis, deixando ficar apenas o rapazinho aleijado atrás de si, descreve bem o modo como certos pacientes tendem a apresentar apenas as partes feridas de si próprios ao terapeuta, enquanto os seus aspectos saudáveis são mantidos no sequestro inacessível, para emergirem talvez inesperadamente em sonhos ou fragmentários lampejos de criação [32].

Kernberg insiste, em termos análogos, nos aspectos patológicos do narcisismo, no qual postula a intervenção de um "si-próprio magnificado que comporta uma fusão do si-próprio real, do si-próprio ideal e do objecto ideal, e que tem por resultado uma auto-suficiência idealizada, que torna o sujeito incapaz de relações de intimidade, a análise incluída". Segundo Kernberg, o sujeito narcísico diz:

*Não preciso de ter medo de ser rejeitado por não encarnar o ideal de mim próprio que seria o único a tornar possível que eu fosse amado pela pessoa ideal que imagino capaz de amar-me. Essa pessoa ideal e a minha imagem ideal dessa pessoa e o meu próprio ser real são uma pessoa só e melhor que a pessoa ideal que eu queria que me amasse, por isso já não preciso de mais ninguém* [33].

Ou, como na lenga-lenga infantil: "*I care for nobody, no not I, for nobody cares for me*" ("*Não cuido de ninguém, não cuido, porque ninguém cuida de mim*").

A radical auto-suficiência do indivíduo narcísico é evidentemente uma negação directa do facto inelutável da sexualidade parental – do acto fundamental a que devemos a nossa existência e sobre o qual não temos controlo: ("Não pedi para nascer", é o grito de desespero do narcisismo depressivo.) A pessoa narcísica esforça-se por pensar em si própria como num "*self--made man*" ("homem que se fez a si próprio"), mas terá de suportar pagar o preço da sua incapacidade de permitir a "livre comunicação entre as partes inconscientes do seu espírito – a livre associação" [34].

Em suma, o si-próprio narcísico compreende três níveis de sentimentos: uma negação exterior da dependência e uma auto-admiração consequente; por trás desta última, uma raiva oral e uma inveja esmagadoras; e, por baixo dela, um anseio frustrado de atenção amorosa.

### A abordagem do narcisismo em termos de apego

A "teoria do apego" introduz uma abordagem empírica importante para a psicanálise [35]. Insiste na importância, para a criança, da protecção e da segurança fornecidas pela figura dispensadora de cuidados (habitualmente a mãe), que se transforma numa "base segura" em situações de ameaça. Poderá a teoria do apego, com a sua insistência nos dados empíricos e na observação, contribuir para a reconciliação das perspectivas kernbergiana e kohutiana? A teoria do apego opera uma distinção clara entre as linhas de desenvolvimento saudável e suboptimal, que considera definidas numa fase precoce do processo de crescimento psicológico, de tal modo que, por volta do ano, se torna possível dividir as crianças entre segundo apresentem formas seguras ou formas inseguras de apego. O apego inseguro é tido por uma resposta defensiva a um desempenho parental suboptimal, correspondendo a um modo de manter o contacto com uma base supostamente "segura" que se revela de facto rejeitante, inconsistente ou psicologicamente confusa e indisponível. O que produz as formas-padrão da insegurança: evitamento, ambivalência (do contacto) e desorganização [36].

No apego seguro a mãe mostra-se receptiva e sintonizada. Nos termos de Winnicott, o seu rosto é o espelho em que a criança começa a descobrir-se e a conhecer-se a si própria [37]. O narcisismo saudável tem o seu ponto de partida na receptividade acolhedora da mãe-espelho, capaz de reflectir e devolver adequadamente os sentimentos da criança que constituem o núcleo do si-próprio. É através da presença de uma outra pessoa que chegamos a conhecer-nos e a aceitar-nos a nós próprios. No caso em que o apego seja inseguro, este processo de espelhamento vê-se comprometido. O espelho poderá permanecer em branco e sem resposta (padrão de evitamento); ser preenchido mais pelos sentimentos da mãe que pelos da criança (padrão de ambivalência); ou mostrar-se caótico e confuso (padrão de desorganização).

Narciso e Eco podem servir de exemplos típicos das estratégias do evitamento e da ambivalência. Uma vez que o filho era produto de uma violação, Liríope poderá ter vivido sentimentos difíceis em relação a Narciso desde o primeiro momento. Esse "espectro no quarto das crianças"[38] significa que a raiva impotente dela contra o pai pode ter levado a um padrão agressivo de dispensa de cuidados, por efeito do qual Narciso, em busca de uma ou de outra forma de segurança, terá suprimido os seus sentimentos amorosos, tentando tornar-se afectivamente auto-suficiente. Poderá ter negado a realidade da sexualidade parental responsável pela sua existência e ver-se, na fantasia, como se se tivesse gerado a si próprio. A sua beleza garantia-lhe que a sua relação consigo nunca deixaria de o gratificar, mas a sua raiva suprimida relativa à rejeição pela mãe significava que não podia confiar em nenhum outro, assim estabelecendo uma base segura, e levou-o a preferir em vez disso utilizar as outras pessoas de uma maneira punitiva e coerciva. Na escola ou com os seus pares, Narciso teria sido um tirano, tornando os outros, como Eco, suas vítimas e presas.

Eco, em contrapartida, ilustra o padrão ambivalente do apego: o seu si-próprio só existe em resposta aos outros, e nunca como um agente activo. O seu narcisismo é neste sentido metamórfico antinarcísico. A sua única esperança é conseguir o contacto com o objecto a fim de alcançar um mínimo de segurança.

À medida que o desenvolvimento se processa, as formas-padrão de apego relativas às figuras dispensadoras de cuidados são interiorizadas como representações do si-próprio, do outro e da sua relação variável (por exemplo, o si-próprio sofredor e as respostas seguras ou inseguras que lhe chegam da "base segura"). Estas representações colorem por seu turno as relações com os outros significativos. O processo, no seu conjunto, depende em parte da capacidade da figura dispensadora de cuidados de ver a criança como um ser separado e com os seus próprios sentimentos. Apesar de todas as suas dificuldades, Narciso e Eco têm pelo menos si-próprios coerentes, embora baseados, respectivamente, numa auto-suficiência reiterada ou num contacto compulsivo. Para o evitador Narciso, o resultado é o reforço de um si-próprio magnificado e para a ambivalente Eco, um si-próprio esgotado. Na medida em que Narciso nega a importância da base segura e se toma a si próprio por objecto, manifestará traços clínicos de narcisismo. Eco será vulnerável à dependência e ao narcisismo negativo; a sua única segurança, no sentido de um objecto interno ao qual se possa agarrar, é um supereu que a denigre – derivado da raiva de Juno.

As estratégias do evitamento e da ambivalência supõem ou a absorção de algumas das funções do Outro necessário pelo si-próprio, ou a "projecção" das características do si-próprio no objecto da busca de contacto, levando-nos a atribuir ao outro as nossas próprias qualidades. Em contrapartida, na ausência de um modo consistente de conseguir pelo menos uma segurança parcial, o indivíduo "desorganizado" recorre a métodos estranhos para se aproximar de uma base segura. Falta aos indivíduos do tipo desorganizado uma representação coerente do Outro, e por isso têm de se valer de diversas formas de autoclivagem a fim de criarem um efeito de base segura. Nos casos "narcísicos" em que o sujeito golpeia o seu próprio corpo com lâminas de barbear (por exemplo, num quadro de uma perturbação da personalidade *borderline*), ou em que sofre de fome auto-infligida (como na anorexia nervosa), o corpo transforma-se num "Outro" com o qual o indivíduo que sofre entra em relação, ainda que de uma modo patológico.

A sobrevivência psicológica e em certa medida a física dependem da capacidade de formarmos uma relação de apego estreita e de conseguirmos assim uma base segura externa na realidade e uma "base segura interna" no interior do si-próprio [39]. A relação com esta base segura é saudavelmente narcísica, no sentido em que o outro é visto como estando ali para benefício e segurança do sujeito. O estabelecimento dessa base é uma pré-condição necessária para vermos o outro como um ser separado, para estarmos agradavelmente com ele e explorarmos o mundo acompanhando-nos mutuamente – em suma, para estabelecermos uma relação de objecto.

Os fenómenos narcísicos que a clínica nos revela podem ser considerados tentativas por parte do sujeito de se usar a si próprio como uma base segura de substituição. Para o indivíduo hipervigilante, "ecóico", isso significa tomar o corpo e/ou o si-próprio como sua base segura, apegando-se a ele num ciclo em escalada, uma vez que quanto mais o sujeito se apega a essa base, mais ela parece duvidosa como origem de segurança, o que, de novo, faz com que o sujeito se esforce por a cingir mais ainda. O tipo narcísico negligente optou por uma modalidade diferente de segurança parcial. Desesperando da mutualidade, recorre à coerção e ao poder para manter uma certa medida de relação com os outros. A sua própria impotência fundamental gera uma inveja insuportável, pelo que, invertendo a situação, o sujeito se dedica a suscitar a inveja nos outros, e a excitar assim a atenção deles, ainda que à distância.

## Uma perspectiva integrada: a emergência e as metamorfoses do narcisismo

O modelo de desenvolvimento mental proposto por Eric Erikson refere-se a uma série de estádios, cada um com a sua polaridade positiva ou negativa: confiança básica *versus* desconfiança; autonomia *versus* vergonha e dúvida; iniciativa *versus* inferioridade; integridade *versus* desespero [40]. Ao concluir esta secção, apresentarei um modelo que integra os vários aspectos do narcisismo, tanto saudáveis como patológicos. Os estádios descritos são necessariamente artificiais, e não se excluem, mas adicionam-se uns aos outros, à medida que o processo desenvolvimento vai avançando. Cada um destes estádios pode ser activado numa ocasião ou noutra.

Estádio 1, *primeiro ano de vida – sentimento seguro de um si-próprio criativo na relação com um outro sujeito receptivo.*

O aspecto decisivo é aqui a sintonia parental: empatia, espelhamento e receptividade. Ao ser objecto de uma dedicação parental suficiente, a criança sente-se a si própria como "especial", única, centro do seu próprio universo. É um ser distinto com sentimentos próprios, em relação com outros que lhe respondem. Sabendo que a figura dispensadora de cuidados é acessível à sua palavra, começa a ser capaz de tolerar períodos de frustração e de separação. A criança é ajudada a entrar no mundo e a confiar que nele encontrará reconhecimento e motivos de satisfação. É aqui que são lançadas as primeiras sementes de uma auto-estima adequada, ou narcisismo saudável. Inversamente, na ausência da sintonia parental que referimos, a criança experimentará sentimentos de vazio interior, medo, insignificância, impotência, e atravessará períodos de raiva inconsolável. Uma criança de temperamento difícil ou cuja saúde física deixa a desejar ver-se-á assim exposta a uma situação de risco particular.

Estádio 2, *segundo ano de vida – investimento narcísico do corpo e dos seus poderes crescentes.*

É neste estádio que o exibicionismo saudável emerge. Os pais sentem-se gratificados à medida que os filhos percorrem as etapas do seu desenvolvimento, começam a andar, a falar, a adquirir o controlo dos esfíncteres e a explorar o mundo. A base segura não é uma fonte de segurança apenas, mas também de encorajamento e de aprovação. A criança investe o seu corpo com a vivacidade do seu narcisismo saudável e sente-se gratificada pela alegria que brilha nos olhos dos pais à medida que estes a vêem entrar na sociedade dos parentes e amigos. A mãe sob *stress*, deprimida, agressiva, rejeitante, sobrecarregada ou ressentida depreciará ou ignorará a necessidade desajeitada de suscitar alegria, o que equivale a lançar as primeiras sementes da vergonha e da autodecepção características dos sujeitos narcisicamente feridos.

Estádio 3, *terceiro ano de vida – os primórdios da satisfação optimal.*

O narcisismo saudável tem os seus limites. Uma criança narcisicamente amarrada à mãe não poderá pôr à prova, enfrentando a realidade, as suas esperanças e ambições. O ideal (e ilusão) americano de um "lugar reservado na Casa Branca" tem necessidade de ser temperado pela capacidade de distinguir os castelos no ar das casas realmente habitadas. Segundo o esquema lacaniano, *"le Nom* (e *'Non') du Père"* – o nome e o não do pai –, impõe limites ao narcisismo, mas ao mesmo tempo ajuda a criança a sentir que faz parte do clã dos seus pais e, na realidade, da espécie humana. O narcisismo individual começa a dar lugar ao narcisismo social. Na ausência deste processo, há o risco de vermos perpetuarem-se as fantasias de omnipotência e a negação da realidade.

Estádio 4, *adolescência – ideais e ambições.*

Os adolescentes saudáveis têm os seus heróis, esperanças, ambições, crenças intensas e sonhos secretos. O adolescente narcisicamente ferido mergulha no desespero e na depressão, vendo o mundo transformar-se num lugar condenado, esmagado pela morte, que procura desafiar através de comportamentos de risco ou a que tenta furtar-se recorrendo a formas de evitamento regressivas. O corpo transforma-se em fonte de prazer e de orgulho ou, pelo contrário, num fardo odiado na sua incapacidade de suportar a comparação com ideais impossíveis. Um transbordar de energia e criatividade, que vão para além das situações de avaliação ou demonstração, assinala neste estádio a presença de uma saudável confiança do adolescente em si próprio. Em contrapartida, a raiva e a destrutividade são expressão de sentimentos narcísicos negativos ou da falta de um ideal em que o adolescente se espelhe.

Estádio 5, *idade adulta – a transferência do narcisismo para a geração seguinte.*

A omnipotência diminui à medida que a potência efectiva prevalece. O adulto saudável começa a ser capaz de reconhecer as suas forças e as suas limitações. Sente bem-estar em si próprio, nas suas relações, em família e na sociedade. Investe nos filhos as suas esperanças narcísicas. Concebe projectos que realiza e lhe proporcionam satisfação. Os ideais frustrados são substituídos pelo amor da verdade. Os fracassos são enfrentados e aceites. Pelo seu lado, o sujeito narcisicamente perturbado consolida o seu mundo autocentrado, quer excitado a inveja dos outros, quer minando, invejosamente também, a possibilidade de intimidade com outrem. Auto-suficiente, absorve-se cada vez mais em si próprio – tornando-se hipervulnerável ao menor choque ou abrindo brutalmente caminho até ao "topo" cujos picos gémeos são o seu auto-enaltecimento próprio e a desvalorização dos outros.

Estádio 6 – *a conquista da sabedoria*.

Segundo Kohut, a instauração de um narcisismo saudável associada à frustração optimal põe o indivíduo num caminho que o leva a adquirir a capacidade de ver o mundo tal como é, aceitar a realidade da sua própria morte, confiar na sua intuição e empatia, descobrir em si reservas de criatividade e de humor e, em última análise, conquistar uma certa sabedoria. Na ausência destas metamorfoses, a entrada na meia-idade e nos tempos que a seguem suscita sentimentos de terror perante a ideia da inevitável extinção que espera cada um de nós. A depressão e o desespero tornam-se riscos sempre presentes. O narcisismo pode manifestar-se sob as formas de uma hipocondria crescente, de uma ruminação incessante dos sucessos ou fracassos passados, ou de uma tirania impositiva em que é o poder, mais que a reciprocidade, a dominar as relações.

Segundo este modelo da saúde e das patologias narcísicas, a tarefa da terapia, seja qual for o estádio em causa, consiste em fazer frutificar as sementes das tendências narcísicas saudáveis e em reduzir o impacte do narcisismo patológico.

## A abordagem psicoterapêutica das dificuldades narcísicas

Os críticos da psicoterapia – movidos talvez por esse puritanismo que Wilde tão duramente ridicularizou – acusam-na de auto-indulgência, e de ser uma ocupação de luxo para os que nada melhor têm a fazer com as suas vidas: por outras palavras, acusam-na de reforçar o narcisismo em vez de contribuir para a sua superação. É verdade que nas suas piores versões a psicoterapia pode encorajar aspectos da vida psicológica que são traços típicos do narcisismo: a preocupação do indivíduo consigo próprio e a regressão interminável, um sentimento exagerado do que lhe é devido, as esperanças irrealistas na possibilidade de corrigir todos os erros passados contanto que o amor e a empatia terapêuticos não faltem. Esta tendência interna da psicoterapia a tornar-se "a doença resultante da cura" é ainda uma outra metamorfose do narcisismo, a imagem invertida da utilização consciente por parte de Wilde do narcisismo como um meio artístico de superar o narcisismo. Uma maneira mais positiva de ver as coisas, advogada por Carl Jung ao contrastar os critérios de inteligibilidade orientais e ocidentais, consiste em pensar que é necessário descobrirmos o nosso si-próprio antes de contemplarmos a possibilidade de o superar, ou que, como diz a sabedoria popular, precisamos de gostar de nós próprios antes de podermos começar a gostar dos outros.

O trabalho com os pacientes narcísicos apresenta múltiplas dificuldades. As três vinhetas seguintes ilustram alguns dos dilemas com que o terapeuta se vê quotidianamente confrontado.

*Vinheta 1:*

Bill, advogado e com 40 anos de idade, deu entrada no hospital após uma tentativa de suicídio quase fatal. A sua carreira fora extraordinariamente bem sucedida, mas os prazeres do sucesso nunca pareciam suficientemente duradouros, e o seu desejo de morrer resultava do profundo sentimento de insatisfação que experimentava em relação ao seu casamento e da descoberta a que chegara da existência de uma distância imensa entre ele e a mulher. Tratava-se de um episódio característico da crise do meio da vida. Apesar de ser um grande praticante de desporto, apreciador dos prazeres da existência, bem sucedido financeiramente e sem que lhe faltassem aventuras com mulheres, sentia que a sua vida era vazia e sem sentido. Foi recomendada uma psicanálise, mas estava-se em período de férias e continuou sem ser visto por ninguém durante várias semanas. Estava furioso – a transbordar de raiva narcísica. Que direito tinham os analistas de estar fora quando ele necessitava de ajuda *nesse instante* e não algumas semanas mais tarde? Se o continuassem a tratar assim, suicidar-se-ia na cara dos seus prestadores de cuidados. O psiquiatra do serviço hospitalar fez chamada atrás de chamada, gastando muito tempo ao telefone, mas sem encontrar alguém disponível. Bill insistia em que queria que alguém o visse. Por que não se encarregava disso o próprio psiquiatra do serviço hospitalar em que se encontrava? Mas, pelo seu lado, que deveria o psiquiatra fazer? Se aceitasse ocupar-se de Bill, não estaria a lisonjear o narcisismo deste último e, como as suas conquistas, a dançar acertando o passo pelas exigências do próprio Bill? E se se recusasse a aceder às suas reclamações, não estaria a reforçar em Bill o sentimento profundamente enraizado de não ser ouvido e a remetê-lo, uma vez mais, para a sua auto-suficiência alienada?

*Vinheta 2:*

Caroline era ao mesmo tempo hipervigilante e negligente. Tendo sido adoptada, tinha duas irmãs mais velhas que eram, obviamente, as favoritas dos pais. A mãe ficou acamada quando Caroline tinha 13 anos, e, a partir de então, ela confrontou-se com a incumbência de assistir a mãe e de satisfazer as exigências sexuais do pai.

Teve dois episódios depressivos graves na casa dos 30 e na dos 40 anos, e mais tarde passou a fazer uma psicoterapia de apoio semanal que a ajudou a manter-se fora do hospital e trouxe alguma estabilidade à sua existência. Dar o tratamento por findo mostrava-se difícil, uma vez que Caroline idealizava tanto o terapeuta como a terapia, e a solução de compromisso adoptada foi um regime de uma sessão por mês. Um dos padrões característicos do comportamento de Caroline era "desaparecer" quando se sentia ansiosa ou rejeitada; em certa ocasião ingeriu uma *overdose* pesada e fechou-se no porta-bagagens do automóvel, acabando por só ser salva graças a uma busca levada a cabo pela polícia de helicóptero. Naturalmente, estes episódios, cujas variantes habituais eram menos espectaculares, causavam uma enorme preocupação ao marido e aos filhos sempre que Caroline desaparecia, fazendo com que começassem imediatamente a procurá-la, só parando as buscas quando a descobriam ou ela voltava a aparecer por sua livre iniciativa. Durante uma das sessões, ao descrever um exemplo recente destes episódios, insistiu na falta de empatia do marido ao acabar por encontrá-la. Ao fim de muitos anos de trabalho de apoio, o terapeuta sentiu-se de repente a transbordar de tédio e de uma irritação deprimente. Sem pensar muito, sugeriu que talvez o seu marido, depois de ter suportado tanto por sua causa, estivesse furioso com ela, e pediu-lhe que pensasse no que sentiria o marido quando ela desaparecia. Caroline empalideceu, os lábios começaram-lhe a tremer, parecia assustada e furiosa, como se se preparasse para sair. Houve um silêncio de cinco minutos. Depois decidiu ficar e a sessão terminou sem contratempos. No final, para pagar o tratamento, pediu emprestada a caneta ao terapeuta, e fez um comentário acerca da beleza desse objecto. Sem pensar, o terapeuta deu por si próprio a oferecê-la à sua paciente como um presente inesperado.

Vemos aqui como a cólera do sujeito narcísico de pele sensível é frequentemente projectada sobre os que o rodeiam, como é difícil e perigoso confrontarmo-nos com essa cólera, como é importante manter a capacidade terapêutica, como muitas vezes o "princípio do pai" é posto de lado em benefício da uma colusão "maternal" regressiva, e como o terapeuta pode ser assediado por sentimentos de culpa ao lidar com este tipo de paciente.

*Vinheta 3:*

Peter, que passou a maior parte da sua infância em centros de acolhimento para crianças, era um caso clássico e extremo de narcisismo negligente, tendo vivido uma existência de um egoísmo implacável até ao fim da casa dos 40 anos. Não tinham sido a sua depressão, a sua violência, o seu alcoolismo, os seus comportamentos de infracção à lei, a sua solidão ou o declínio do seu poder de atracção física em relação às mulheres, mas uma hipocondria irredutível o que levara o seu médico generalista, depois de ter recorrido em vão aos serviços de toda a espécie de comprimidos e de especialistas médicos, a dirigi-lo para uma consulta de psiquiatria. Enquanto atravessava o corredor a caminho da sala de consultas, começava invariavelmente a sessão perguntando num tom que era ao mesmo tempo de desafio, agressivo, deferente e defensivo: "Como está, doutor?" Descobrir uma maneira de interpretar esta preocupação aparente com o terapeuta como um outro aspecto do seu narcisismo – a necessidade de controlar a situação terapêutica desde o início, defendendo-se da ameaça de formação de uma relação com outra pessoa que o tratamento implicava – sem o levar a afastar-se nem o abandonar, era uma questão técnica de grande delicadeza.

Estes exemplos ilustram alguns dos temas que com frequência aparecem na terapia de pacientes narcisicamente perturbados: excitação sedutora do narcisismo do terapeuta; raiva e exigências que tendem a estimular facilmente a rejeição, o que reforçaria o sentimento que o paciente tem de ser abandonado por toda a gente, excepto a sua própria pessoa; e tédio, conducente, uma vez mais, ao negligenciar rejeitante do sentimento de desgraça subjacente do sujeito.

Kohut e Kernberg advogam maneiras muito diferentes de enfrentar estas questões. Kohut descreve três formas-padrão características da transferência durante o tratamento de pacientes narcísicos: a transferência em espelho, a transferência idealizante e a transferência "geminadora". O que recomenda aos terapeutas é que usem a sua capacidade de aceitação, precavendo-se de interpretações prematuras. Como escreveu W. B. Yeats:

*I have spread my dreams under your feet;*
*tread softly because you tread on my dreams* [41].

*(Espalhei os meus sonhos aos teus pés;*
*caminha devagar porque é sobre os meus sonhos que caminhas.)*

O paciente deve sentir-se capaz de investir no terapeuta e na terapia as suas esperanças e sonhos. Os "terapeutas persecutórios" que interpretem as fantasias correspondentes como defesas, fazendo-o demasiado precoce e estrondosamente, limitar-se-ão a reforçar as feridas narcísicas que foram a principal causa da necessidade em que o paciente se encontra de recorrer aos seus serviços [42]. Kernberg, todavia, assinala os perigos da colusão, e insiste na depreciação que é a sombra que invariavelmente acompanha as idealizações [43]. Vinca a importância de trabalhar com a transferência negativa e de auxiliar o paciente a desenvolver a capacidade de se preocupar e sentir culpa no que se refere aos objectos que tão negligentemente utiliza. Os pacientes têm necessidade de ser ajudados a lidar com a sua raiva e a sua decepção, e não devem, pelo contrário, ser levados a acreditar que a terapia pode, por si própria, desfazer os erros do passado. O quadro da terapia reactiva os conflitos e os défices que anteriormente se encontraram já na origem da formação de uma superestrutura narcísica da personalidade. O que suscitará, nos melhores casos, resistências e, nos piores, sentimentos suicidas. Como escreve Rosenfeld:

*Quando é confrontado com a realidade de depender do analista, que representa os seus pais, e em particular a mãe, preferirá morrer, não existir, negar o facto de ter nascido, e também destruir os progressos e a compreensão acrescida resultantes da análise, que representam a criança que permanece no seu interior, e que sente ter sido criada pelo analista, enquanto figura parental* [44].

Kernberg reconhece, no entanto, que tal será excessivo para alguns pacientes e que, nesses casos, a fim de salvaguardar a aliança terapêutica, se torna necessária uma abordagem em que o factor do apoio esteja mais presente. Terminarei o meu ensaio enumerando alguns princípios-chave que concluí poderem ser úteis quando trabalhamos com o narcisismo nas suas diversas manifestações.

- O terapeuta deve ser capaz de aceitar a idealização da sua relação com o paciente e não recear ao mesmo tempo contestar a negação a que o paciente procede da sua depreciação encoberta dos sentimentos dos outros e da sua necessidade de controlo omnipotente.
- Ao contrariar o narcisismo do paciente, o terapeuta deve evitar usar a sua própria posição de poder e de superioridade narcísica de um modo opressivo susceptível de agravar o défice de auto-estima que aflige o paciente.
- Deve ser contrariada a instauração de uma relação colusiva baseada na admiração mútua.
- Confortar em certa medida o narcisismo do paciente poderá ser uma estratégia terapêutica legítima, sobretudo no que se refere a combater a auto-depreciação e a adopção de uma posição narcísica

negativa compulsivas. O terapeuta necessita de descobrir uma forma de intervenção positiva capaz de contrabalançar as tentativas de abandono de si próprio empreendidas pelo paciente.
- A desidealização do terapeuta e da terapia é um movimento saudável, mas deve ser efectuado em termos graduais e não traumáticos. Nas terapias breves, o termo do tratamento deve ser discutido e interpretado desde o começo.
- O terapeuta precisa de ser capaz de fixar limites às exigências absorventes do sujeito narcísico de pele sensível, bem como ao furor do sujeito narcísico de pele grossa.
- A criatividade, o humor, o sentido do jogo e o uso dos sonhos são, no seu conjunto, manifestações positivas de um narcisismo transformado e ingredientes decisivos do trabalho terapêutico.
- A curiosidade relativa ao terapeuta pode fazer parte de uma necessidade de controlo ou de desvalorização movida por sentimentos de inveja, mas é também uma via saudável de saída da preocupação exclusiva consigo próprio por parte de um paciente que começa a sentir o desejo de conhecer o mundo.
- A gratidão é um afecto de aparecimento tardio na terapia do narcisismo.

- A distância entre o si-próprio real e o si-próprio ideal é objecto de uma representação distorcida no paciente narcísico. No tipo ambivalente, "ecóico", negativo e hipervigilante, a distância é demasiado grande. No tipo "pele grossa" e negligente, deparamos com a fusão do Eu e do Ideal do Eu. A tarefa que a terapia deve levar a cabo consiste em reduzir essa distância no primeiro caso, ajudando o paciente a descobrir e a aceitar a existência de coisas boas em si próprio; no segundo caso, trata-se de abrir essa distância, ajudando o paciente a confrontar-se com o fracasso e a perda.
- Os dois tipos não são mutuamente exclusivos. Por trás do indivíduo narcísico de pele grossa, descobrimos a vulnerabilidade e o anseio de intimidade; por trás da fragilidade e desamparo do tipo hipervigilante, há muitas vezes um egocentrismo implacável.
- O sujeito narcísico procura no espelho o seu objecto, mas condena-se à frustração resultante do facto de o espelho ser frio e sem vida e não poder salvá-lo da sua solidão. A terapia pode transformar o narcisismo, transformando o espelho em "espelhamento" – o espelhamento proporcionado pela receptividade, o calor e o sentido lúdico da sintonia do Outro.

Em conclusão, Freud, talvez narcisicamente, considerava a psicanálise como a mais recente das três grandes feridas narcísicas infligidas pela civilização ao narcisismo humano: a revolução copernicana, que retirou a Terra do centro do Universo; a revolução darwiniana, que destronou o homem da sua supremacia no que se refere ao mundo da Natureza; e a revolução psicanalítica, na qual o espírito consciente se vê reduzida ao papel de servir as forças inconscientes que governam as nossas vidas. A perspectiva do apego talvez tenha sido origem de uma quarta ferida: a descoberta do modo como, ao nível mais fundamental, a individualidade que nos é tão cara emerge das nossas relações com os outros. Mas, perante cada um destes casos, o narcisismo transformado permite-nos aceder a uma perspectiva também ela transformada: vemos a beleza e a simplicidade do Universo; compreendemos como, longe de excluídos do seu mundo, fazemos parte da Natureza que nos rodeia; descobrimos que somos, todos nós, psicologicamente da mesma massa, e que, em vez de existirmos isolados, cada um no seu si-próprio, existimos inevitavelmente ligados uns aos outros.

## Notas

[1] C. Rycroft, *Critical Dictionary of Psychoanalysis*, Londres, Penguin, 1972.

[2] Ver C. Lasch, *The Culture of Narcissism*, Nova Iorque, Doubleday, 1979.

[3] R. Britton, *Belief and Imagination*, Londres, Routledge, 1998.

[4] H. Rosenfeld, *Psychotic States: A Psycho Analytic Approach*, Nova Iroque, International Universities Press, 1965.

[5] H. Kohut, *The Analysis of the Self*, Nova Iorque, International Universities Press, 1971.

[6] S. Freud, "On Narcissism" (1914), in *Standard Edition of the Complete Psychological Works of Sigmund Freud*, vol. 14, trad. inglesa de James Strachey, Londres, Hogarth Press, 1953-1973, p. 91.

[7] K. Abraham, *Selected Papers of Karl Abraham*, Londres, Hogarth Press, 1973.

[8] L. Tolstoi, cit. por Abraham, cit. *in* V. Hamilton, *Narcissus and Oedipus*, Londres, Routledge, 1982, p. 122-123.

[9] P. Mollon, *The Fragile Self*, Londres, Whurr, 1993.

[10] S. Freud, *op. cit.*, p. 91.

[11] H. Fisher-Mamblona, "On the evolution of attachment--disordered behaviour", in *Attachment and Human Development*, 2, 2000, pp. 8-21.

[12] G. Gabbard, *Psychodynamic Psychiatry in Clinical Practice*, Washington, American Psychiatric Press, 1996.

[13] A. Bateman, "Thick- and thin-skinned organisations and enactment in borderline and narcissistic disorders", in *International Journal of Psycho-Analysis*, 79, 1998, pp. 13-26.

[14] T. Hughes, *Tales from Ovid*, Londres, Faber and Faber, 1997.

[15] Ovídio, in T. Hughes, *op. cit*. (Eis o excerto da trad. inglesa a que a nota se refere: *Let Narcissus love and suffer / As he has made us suffer / Let him, like us, love and know it is hopeless...*)

[16] *Ibid.* (*A strange new thirst, a craving, unfamiliar, / Entered his body with the water, / And entered his eyes / With the reflection in the limpid mirror... / As the taste of water flooded him / So did love.*)

[17] *Ibid.* (*You are me. Now I see that... / But it is too late. / I am in love with myself... / This is a new kind of lover's prayer / To wish himself apart from the one he loves.*)

[18] S. Freud, *op. cit.*, p.100.

[19] *Ibid.*, p. 90.

[20] O. Wilde, *The Picture of Dorian Gray* (1891), Londres, Penguin, 1985.

[21] *Ibid.*, p. 31.

[22] *Ibid.*, p. 168.

[23] S. Heaney, *Opened Ground: Poems 1966-1996*, Londres, Faber and Faber, 1998, p. 15.

[24] J. Laplanche e J.-B. Pontalis, *The Language of Psychoanalysis*, Londres, Hogarth Press, 1980.

[25] M. Balint, *The Basic Fault*, Londres, Hogarth Press, 1968; R. Fairbairn, *Collected Papers*, Londres, Hogarth Press, 1952.

[26] D. Stern, *The Interpersonal World of the Infant*, Nova Iorque, Basic Books, 1985.

[27] N. Symmington, *Emotion and Spirit*, Londres, Karnac, 1993, p. 120.

[28] As duas citações são extraídas de Kohut, H., *in* A. Morrison (ed.), *Essential Papers on Narcissism*, Nova Iorque, New York University Press, 1986, pp. 69-70.

[29] H. Kohut e P. Seitz, "Three Self Psychologies – or One?", *in* A. Goldberg (ed.), *The Evolution of Self Psychology: Progress in Self Psychology*, vol. 7, Hillsdale, Nova Iroque, Analytic Press, 1963, p. 20.

[30] D. Winnicott, *Playing and Reality*, Londres, Penguin, 1971.

[31] V. Hamilton, *op. cit.*

[32] L. Sohn, "Narcissistic organisation, projective identification, and the formation of the 'identificate'", in *International Journal of Psycho-Analysis*, 66, 1985, pp. 201-213.

[33] O. Kernberg, *in* Morrison, *op. cit.*, pp. 134-135.

[34] P. Mollon, *op. cit.*, p. 109.

[35] Ver J. Bowlby, *A Secure Base*, Londres, Routledge, 1988.

[36] J. Holmes e A. Harrison-Hall, inédito no prelo, 2001.

[37] D. Winnicott, *The Maturational Processes and the Facilitating Environment*, Londres, Hogarth Press, 1968.

[38] S. Fraiberg, E. Adelson e V. Shapiro, "Ghosts in the nursery: a psychoanalytical approach to impaired infant-mother relationships", *Journal of American Academy of Child Psychology*, vol. 14, 1975, pp. 387-422.

[39] J. Holmes, *The Search for the Secure Base*, Londres, Routledge, 2001.

⁴⁰ E. Erikson, *Identity, Youth and Crisis*, Londres, Faber and Faber, 1968.

⁴¹ W. B. Yeats, "He wishes for the cloths of heaven", in *Collected Poems*, Londres, Macmillan, 1972.

⁴² R. Meares e R. Hobson, "The persecutory therapist", in *British Journal of Medical Psychology*, 50, 1977, pp. 349-359.

⁴³ O. Kernberg, *Borderline Conditions and Pathological Narcissism*, Nova Iorque, New York Universities Press, 1975.

⁴⁴ H. Rosenfeld, "A clinical approach to the psychoanalytic theory of the life and death instincts: an investigation into the agressive aspects of narcissism", *in* Spillius, E. (ed.), *Melanie Klein Today*, vol. 1, Londres, Routledge, 1988, p. 247.

## Leituras complementares

ABRAHAM, K., *Selected Papers of Karl Abraham*, Londres, Hogarth Press, 1973.

BALINT, M., *The Basic Fault*, Londres, Hogarth Press, 1968.

BRITTON, R., *Belief and Imagination*, Londres, Routledge, 1998.

DAWKINS, R., *The Selfish Gene*, Londres, Butterworth, 1979.

ERIKSON, E., *Identity, Youth and Crisis*, Londres, Faber and Faber, 1968.

FAIRBAIRN, R., *Collected Papers*, Londres, Hogarth Press, 1952.

FREUD, S., "Three Essays on Sexuality" (1905), in *Standard Edition of the Complete Psychological Works of Sigmund Freud*, vol. 7, trad. inglesa de James Strachey, Londres, Hogarth Press, 1953-1973.

——, "Leonardo Da Vinci" (1910), in *Standard Edition of the Complete Psychological Works of Sigmund Freud*, vol. 9, trad. inglesa de James Strachey, Londres, Hogarth Press, 1953--1973.

——, "On Narcissism" (1914), in *Standard Edition of the Complete Psychological Works of Sigmund Freud*, vol. 14, trad. inglesa de James Strachey, Londres, Hogarth Press, 1953-1973.

GABBARD, G., *Psychodynamic Psychiatry in Clinical Practice*, Washington, American Psychiatric Press, 1996.

HAMILTON, V., *Narcissus and Oedipus*, Londres, Routledge, 2001.

HOLMES, J., *The Search for the Secure Base*, Londres, Routledge, 2001.

KERNBERG, O., *Borderline Conditions and Pathological Narcissism*, Nova Iorque, New York Universities Press, 1975.

KOHUT, H., *The Analysis of the Self*, Nova Iorque, International Universities Press, 1971.

——, *How does Analysis Cure?*, Chicago, University of Chicago Press, 1984.

LASCH, C., *The Culture of Narcissism*, Nova Iorque, Doubleday, 1979.

MOLLON, P., *The Fragile Self*, Londres, Whurr, 1993.

MORRISON, A. (ed.), *Essential Papers on Narcissism*, Nova Iorque, New York University Press, 1986.

ROSENFELD, H., *Psychotic States: A Psycho Analytic Approach*, Nova Iorque, International Universities Press, 1965.

SPILLIUS, E. (ed.), *Melanie Klein Today*, vol. 1, Londres, Routledge, 1988.

STERN, D., *The Interpersonal World of the Infant*, Nova Iorque, Basic Books, 1985.

SYMMINGTON, N., *Emotion and Spirit*, Londres, Karnac, 1993.

WINNICOTT, D., *Playing and Reality*, Londres, Penguin, 1971.

——, *The Maturational Processes and the Facilitating Environment*, Londres, Hogarth Press, 1968.

# Índice

| | |
|---|---|
| Introdução | 5 |
| Manifestações clínicas do narcisismo | 13 |
| Ilustrações literárias do narcisismo | 25 |
| As teorias do narcisismo | 41 |
| A abordagem psicoterapêutica das dificuldades narcísicas | 65 |
| Notas | 77 |
| Leituras complementares | 81 |